JN438387

오래된 사진

김상우 시집

오늘의문학사

시농군의 말

진부함은 詩의 악덕이라는데
때때로 나는
빛바랜 사진 속의 포즈 같은
진부함 속에서 오히려
적막한 편안함과 위안을 누린다
그 속에서 나는
제대로 자유롭고 행복하다

오늘도
진부陳腐라는 이름의 범주에 묶인
얼마나 많은, 소박하게 곱고
소중한 꿈들이
거대한 저널리즘의 파고에 휘말려
망각의 바다 속으로 흔적도 없이
사라질 것인가

2010년 가을
김 상 우

‖ ‖ ‖ ‖ ‖ **차례** ‖

1 강물

2 바람에게

3 목련의 봄

4 가족

1

강물

눈발

눈발을 맞으며 걸어오라

청춘의 하늘에 펄럭이던
순결한 꽃잎

용서해다오

숯처럼 검어진
부끄러운 목숨

돌멩이보다 더욱 아프게
이마를 치는
눈발을 맞으며 걸어오라

가을 밤

뉘우침이 흘러
베개를 적신다

귀뚜라미 울음 따라
발버둥 치는 밤

새로워질 수 없는 내력이거든
내달아 빨리 늙어라

한계령

오르지 말라

비밀이다
여기가 어딘지를 묻지 말라

너의 빈터
혼자
오지奧地에 서라

쌓은 것의 소멸을 반복하는
차디찬 운무의 계곡을 휘집어
도도히
네 존재의 눈금을 허공에 그어라

등 굽은 스피노자의 고독한 안경 너머

펄럭이는 건
너 혼자다

섬

무너져 내리는 것이 어찌 파도뿐이랴
녹슨 바람의 문짝 하나
앙상한 뼈를 드러내고 있다

쓸쓸한 것들 모두 모여 서성이는 곳에
내가 지고 온 짐 부려놓는다

갈매기도 저들의 문법으로
제 하늘 날아가며 속내 펼치는
깊이조차 알 수 없는 저 물길

막배조차 이미 떠났다

파문

환한 달빛
잔잔한 호수에
돌 하나 던져 넣으면
희미한 기억 속에
동그란 파문
번번이 물가에 이르러
속절없이 꺼져가다
그렇게
쌓이고 또 쌓여가는
파문은 내게
무슨 말을 걸었던가

마음 진 날

그녀가 문득 불꽃으로 피어나
마음 진 날
공기처럼 가라앉으며
눈만 감아도 선히 보이던 바다로
나는 가자

마음 툭 피우며 밀려드는 바다를 안고
물보라로 솟아오르는 너를 안고
은빛으로 활강하는 갈매기의 날개 끝

끝간 데 없이 떠도는 이 혼도
네 곁으로 불려가리

강물 1

밤 깊고 마음 어둡다
들판 끝 하늘은 그윽히 떠서
수묵화마냥 아름다운데
은은한 산그림자
농소리 논물 속으로 별들이 내려와 반짝이고
별 사이로 피어나는 개구리 울음이
하늘가에 닿는데
마음아, 어찌 너만 홀로 어두워
속울음 삼키고 있는가
차라리 쓰러져 강물이 되거라
어두울수록 강물은 환히 빛나니
큰 울음 안으로 가누고 밤을 흐르면
세상 홀로 지키다 죽은 외로운 영혼이나
세파에 지쳐 누운 이의 꿈들이
지금 물 안 네 깊은 가슴에 별로 내려
등불 켜리니
산마루 훤히 물결로 뜨리니
모두가 눈물 고여 등빛으로 흔들리는 밤
울고 있는 마음아
울음 크게 안으로 가누고 강물로 흘러라

강물 2

그저 떠난 강물이 먼 바다에 닿으면
캄캄한 水量 끝모를 시간 속에
몰입되리라는 막연한 예측으로
수수히 흐르는 강물을
보냈다
다시 살아오라는 뜻으로
나뭇잎 하나 띄워 보냈다
그 나뭇잎이 보이지 않을 때쯤
강물은 더 조용히
완강하게 흐르고
나는 강물처럼 다시 살아오는 법을 모른 채
강물보다 더 수수히 강을 떠났다
등 뒤에 쉴 새 없이 떠나는 강물을
버려둔 채

소나기

갑자기 듣는 그녀의 목소리는
늘 투명하다
깊은 산골짜기에
맑게 고여 있다가
찰랑 넘쳐
물 한 자배기를 쏴아
이마에 붓고는
네,
네,
잠시 잠시 끊는 사이
그녀는 늘 신선하다
어느새 산굽이를 돌아
맑은 물에 종아리를 담그고 있다

태종대에서

기암절벽 아래
눈부신 파도로 밀려오는 그녀
나는 고양이마냥 야금야금 내려갔다
그녀 품으려
양말 벗고 발을 담그자
발이 행복에 겨워 꿈틀거렸다
집에 와서도
바다는 발가락 사이에서 출렁거렸다
그녀 하얀 얼굴 쏴 감겨왔다

거미

대청소를 하다보면
집안에 늘 거미줄이 숨어 있다
구석구석 어둡고 습한 곳만 골라
그물을 걸어놓는
거미, 그에게 집은 바다다
허공 깊은 수심 속에 욕망을 쳐두고
생활을 낚는 어부의 여유
가구와 가구 사이를 섬처럼 떠다니며
끌고 다닌 길들을 풀어놓는다
노를 저어 망사무늬 슬픔을 뽑아
치열한 현의 음률로 튕겨 올려
고여 있는 시간들을 파도치게 하는
거미, 그는
낡은 족보다
쓸어내고 털어내도 언제나
거미줄에 가볍게 낚여 있는
나

콩나물을 다듬다

그리움이 어두워지는 저녁
일없이 아내 곁을 기웃대자
천 원어치 콩나물 그릇을 건네며
발이나 따라고 하네
세 치 키의 콩나물 다리들을 가지런히 뉘여, 나는
삭둑삭둑 실발을 다듬네
하나 둘
저만치 일생이 잘려나간 슬픈 발들이
팽개쳐진 구석에서 숨죽여 우네
언제 발 대접 한 번 받아본 적 없이
허공을 딛고
바튼 숨길 가쁘게 밀어올리며
아래로 아래로
없는 듯 버텨왔을 실낱 같은 신음 곁에서, 문득
잊고 살아온 미운 발 하나 떠올리네
시린 허공 속에서 사무치게 뜨거웠을
바닥 갈라진 작은 발 하나 그립네

울릉도

어린 새끼들 분가한 땅에
달빛이 젖줄을 대고 앉았네
바람은 간간이
생각이 많은 얼굴로 다가왔다
제가끔 휑하니 스쳐 지나가네
구절초 바람에 낮게 눕는 땅
곤고한 섬
울릉도
비알 바위 틈 속
솔씨 한 알 애써 묻어
밤새워 성근 나무로 피워내고 섰네
아직 깨어나지 않은 수평선 위로
生의 욕망 놓지 않고 물질하는 파도는
수심의 끝자락에서
푸른 새벽 한 폭 건져
하늘로 하늘로
펼쳐 올리고 있네

하구에서

잊어버리자고
강둑길 걸으며 바다를 보니
바다엔 또 다른 그리움이 수군댄다

강과 바다가 만나 몸을 푸는 저곳
오리와 갈매기들 경계를 잊고 넘나드는데
너가 없는 내 가슴은
낡지 않는 그리움 하나 삭히기 위해
모래언덕 만큼이나
자디잔 부딪침과 무수한 뒹굴림이
필요했던 것일까

운명처럼 내질러진 돌팔매에
퍼득이며 비상하는 날개들
그 초조한 날갯짓 아래 후두둑 파문이 일고
초저녁 빗방울은
차디찬 동그라미를 그려댄다

강물 저편 모래언덕 속으로
어둠과 함께 너의 흔적은 저물고

수평선도 밤비에 젖어드는데

돌아서는 발길엔 해무(海霧)만 그득하다

황혼

길들여져
말 잘 듣게 길들여져
사근사근 고분고분 길들여져

몰라도 되고
알아서도 안되게 길들여져
검다면 검게 뵈고
그렇다면 그렇게 믿도록 길들여져

얼굴도 없이
바람 부는 대로
떼밀려가다 보니

어느새
길들여진 저녁놀이
천 길 어둠 속으로
침몰하고 있네

길

깨었거든 山을 넘지 말고
돌아오너라
깨었거든 돌아오지 말고
山을 넘어 오너라
해는 저물고 어둠 드리우는데
가는 곳이 저기야
가는 곳이 여기야
이 곳 저 곳 다녀봐도 길이 없구나
길은
찾는 것이 아니고 만드는 것이라네

2

바람에게

거짓말

바른편 손에
쥐어져 있을 때는
한줌 흙덩이에 불과하던 것이
왼쪽 손에 옮겨 쥐면
꽃이 되기도 하고 구슬이 되기도 한다
왼편 가슴에 품고 있을 때는
더없는 미움의 대상이던 것이
바른편 가슴으로 옮겨 품어 보면
더할 나위 없는 사랑이 되기도 한다
우리집 뒤뜰에 심어 놓은
두 그루의 백목련, 몇 포기의 장미들
그것들이 필 날도 머지 않았는데
아, 오는 봄엔 그것이 내 어느 편으로 건너와
무엇이 될까
꽃이 될까 흙덩이가 될까

폐벽肺壁에 갇힌 새

도시의 포말은 부서졌다

숨어 있던 목관악기들이 팔을 늘이며
스멀스멀 벽 안에서 기어 나올 때
새들은 둥지를 버리기 시작한다

어제는, 老 교수가
40년 정든 둥지를 버렸다
그는 이제야 날개를 단 모양이라며
고단한 저녁의 젖은 목관악기처럼 울었다

그의 조그만 폐 속을 쪼아대던
가난한 날갯짓으로
척박한 유배지를 벗어나
고향 하늘로 날아가게 된 것이다

폐벽의 긴
터널 모퉁이를 돌아서는
그의 쓸쓸한 주머니 속엔, 지금쯤
진동의 휴대폰이 훌쩍거리며

표백된 세월의 흔적들을 하나 둘
지워가고 있을까

쪼아대던 부리로
얼어붙은 이 땅의 가을을 생각한다

새가 도시에 가득하다

흐린 날

흐린 날, 비를 기다린다
낭패한 일들이 있어도 좋다
기다림은 어차피
오지 않을 날들을 그리워하는 것이다
기다리다 보면
해마다 오염 속을 날아오는 새들
금속 파편으로 물든
찬 노을 휘저으며 마그네틱에 이끌리며
사방으로 귀를 기울이고
날개로 더듬어 나가
어디론가 제 갈 길을
떠나고 다시 날아 들어오는 것들

장마

밤 깊도록 비 오는 날이 많아져서
아래로 흐르는 것마다 강물처럼
일단의 낯선 섬을 만들고
몇몇 불안한 섬들은
차라리 깜깜한 바다에 이를 때까지
아무 것도 싣지 않았다
그런 무심한 일들이
이 도시에선 더욱 범상한 것이
다 水中에 든 탓만은 아니구나
어쩌다 딛고 있는 땅들이 무너져 내리다가
이젠 너무 자주 무너지곤 해
물이 다 빠져나간 아침나절엔
거기 길이 있었다고
누가 말할 것인가
사람을 떠나보낸 날은 더욱 쉽게 길을 놓치고
무엇이 남아 있어서
이 망망한 대해에 이르도록
지나온 길들마저 지워서
결코 돌아갈 수 없게 하는지

등반

산에 가도 산은 안 보이고
산줄기 밀고 가는 황국黃菊의 혼만 보인다
귀를 열면 어디선가 홍보석 같은
더 큰 귀들이 심장에 들어와 눕고
소리도 없는 곳에서
문득 메아리 하나가 허공에 길을 낸다
그러면 내가 떠난 뒤 끝에 누가 남아서
이 길로 소리도 없이 지나가리니
그러면 또 눈감고 고요히 지켜보리라
산에 든 내 안에 귀가 앉아
또 하나 볼 수 없는 산이 들어서서

환절기

시간에도 쉼표가 있을까
부르르 몸을 떨며 나무가 환절의 숨을 고르리
바람은 쿨럭 재채기 하며 불어 갈 방향을 가늠하리
무던하게 던져놓은 생각들과 아무렇게나 풀어놓은
몸의 소리 들으리
태양도 체온을 조절하며 낯빛을 바꾸리
속도방지턱을 넘어서며 한 박자 느리게 매듭지으리

바람에게

바람아 너희 나라엔 누가 있는가
날 저물면 산에서 내려와 문고리 두드리는
커다란 그림자가 있는가
뒷문 열고 기침하는 늙으신 어머니가 있는가
밤새도록 대밭에서 끄덕이다
땅끝으로 사라지는 반딧불이가 있는가
아버지가 있는가
바람아 너희 나라엔 얼굴도 없는가
서서 멈출 발자욱도 없는가
소리 죽여 풀섶을 헤쳐가는 눈도 없는가
떨리는 가슴 닿을 다음 땅은 없는가
바람아 너희 나라엔 아무도 아무도 없는가

횡단보도

세상에는
가로질러 건너고 싶은 것이 너무 많다
그래서 길은
제 가슴 위로 상처를 내어
빗금 그어진 또 다른 길을 만든다
상처난 길로
스스로의 상처를 짊어진 것들이
바쁘게 바쁘게 걸어간다

자판기 컵

손아귀에 구겨져
굴러 떨어진 세월
내일을 기다리고 선 사람들이
잠시 쥐었다 놓아버린 빈 컵 가득
물먹은 꿈
기다림은 종이마냥 찢어지기 쉬운 약속을 만들어
마음만 감추었다 쏟아내는 말로 가득했으니
그대 비워낸 허전한 약속만큼
되돌려 감싸 쥐는 이 커피 한 잔

파리

잠든 자의 이마나 콧등에만 내려앉는다
깨어 있는 자의 눈초리와 주먹을 가장 겁낸다
졸리운 손길이 허우적거리면
대담하게도 손등으로 날아가 쉬는 놈
음침한 곳이 제일 아늑한 거처
시어빠지고 썩은 것들
문드러진 시체를 가장 즐기는 놈
교활한 반역자의 하수인
그의 병균을 조는 자의 입술에 뿌려놓는다
건강한 자만이 이겨낸다
깨끗한 집안에서 우량아가 태어난다

초겨울 아랫목을 더듬는 마지막 한 마리가
가엾다는 사람들아

모기

이놈들은 사람들의 움직임에 민감하다
불빛 속에 나는 듯하더니 어느새 그늘로 숨는다
가장 재빠른 놈이 오래 살아남지만
종국엔 가장 잔인하게 잡혀 죽는다
밤이면 쉬이 눈 감는 자여
빼앗긴 피는 되찾을 수 없다
놀랍고 기 막혀 입 다문 자여
그대의 피는
놀랍고 기 막혀 두 눈 부릅뜨고
어둠 속 찬찬히 뒤지는 자의 손바닥에 묻어난다

왜 에프킬러나 모기향을 쓰지 그러냐고 누가 그런다

숯

선신을 잎새를
마지막 뿌리까지 태워버리고
까맣게 굳어버린 무서운 응혈을 우리는
거저 숯이라 부른다
기막히게 사는 법을 배워
이 세상 버려진 어두운 곳에서
기다리다 세월 속에 앙금으로 가라앉은
목질木質 하나를
우리는 그저 숯이라 부른다
연하고 부드러운 살결은 모두
불꽃의 붉은 혀에 내맡기고
질기고 모질게 굳어버린 것, 그는
떨어져 깨어지고 밟혀서 부서져도
분신 하나 끝내 검은 티끌로 살아남아
이 세상 모든 순결을 빼앗고 싶어한다
세상 뒤편으로 몰아치는 바람에 의탁하여
이 세상 모든 것이 다 숯이 되기를 기다린다

드넓은 곳

새벽마다 반야심경 염주 돌리는 어머니는 세상물정 알라고 말하신다 옐로우 하우스에 가다가 자진해서 다비장을 맞은 큰형은 세상물정 알라고 말하신다 교편 잡고 수필을 쓰는 옆집 최선생님은 세상물정 알라고 말하신다 이따금 보고픈 바다 건너 돈 벌러 간 강산이 와이프는 세상물정 알라고 말하신다 알레르기 비염으로 재채기를 자주하며 고생하는 연우는 세상물정 알라고 말하신다

술에 취해 낯선 시외버스 정류장에서 잠들려는 나를 깨워서 제 집에 재워준 소중이는 세상물정 좀 알라고 말하신다 유난히도 윤기 나는 검정 머리칼을 가진 영경이도 세상물정 좀 알라고 말하신다 어릴때 동네에서 제일 잘 산다고 빼기던 용덕이도 세상물정 좀 알라고 말하신다 자기보다 작은 키의 육학년들과 친구되어 노는 민지도 세상물정 좀 알라고 말하신다 왜 달력에는 열둘까지 밖에 없느냐고 물어보는 우리집 땅꼬마도 세상물정 좀 알라고 말하신다 무슨 일에든 제일 먼저 손을 든다는 씩씩한 아들을 초등학교에 보낸 여동생 숙이도 세상물정 좀 알라고 말하신다 꿈길과 멜랑꼴리라는 기타곡 악보를 정성스레 베껴 예쁜 표지와 함께 보내준 추억 속의 그녀도 세상물정 좀 알라고 말하신다 느닷없이 양손으로 강아지 귀를 잡아 올리며 시장이

어드메쯤 보이느냐고 묻던 판돌이도 세상물정 좀 알라고 말하신다 전철에서 우단으로 속을 넣은 따스한 가짜 가죽 장갑을 단돈 천원에 모신다는 아저씨는 세상물정을 알아야 합니다라고 말하신다

그러나 친구 따라 금강산으로 사냥 갔다가 해금강에 발을 담갔던 마이동풍 아버지는 '세상이 참 넓지?' 라고 두 살 난 장손을 무릎에 올려놓으며 말씀하신다 시퍼렇게 펄럭이는 해운대 바닷물을 저 멀리 굽어보는 언덕에서

오늘 그들은 침대를 사진이라 부르기로

손과 얼굴과 기린 같은 목이 있다
천천히 돌고 있는 피가 있다, 그러나 식어버린 피
기관지가 있다, 바람 들어간 기관지
퍽 퍽
헐떡이는 소리를 내며
공기청량제 속으로 사라지고 있다
아주 창백한 표정이다
그리고 또 있다 모든 것들이
지나치게 숭고한, 썩지 않는 관 같은 나날이 있다
모든 영자는 모든 철수와 마찬가지로
복사기가 뿜어내는 열 장 스무 장 검은 잉크로 복제된
외형을 갖고 있다
그런데 그들은 싸운다 똑같은 손과 얼굴과
기린 같은 목을 지닌, 그들은 끊임없이 난타하고
당하고 되받아치며
식어버린 피가 죽고 새롭게 식은 피가 태어난다
쉴새없다 퍽퍽 바람 들어간 기관지
죽지 않는 날들이 있다 끊임없이 교살당하는
기린 같은 슬픈 목이 있는 것이다
영자와 철수의 나라, 아무 것도 새로운 것이란 없으며

그래서 오늘 그들은 침대를 사진이라 부르기로
책상을 양탄자라 신문을 시계라 부르기로 한다
그러니까, 사진을 떠나 옷을 갈아입고
양탄자 옆에 앉아 시계를 펼치며
혼자 약속하는 것이다

가시 돋친 혀

오늘도, 바다의 혀는
신열에 들떠 뒤척이는
뭍의 몸 구석구석
정성을 다해 핥고 핥아
나지막히 잠재우고

오늘도, 누렁이의 혀는
티끌 하나 묻지 않은
제 밥그릇 빈 바닥
만공萬功을 들여 닦고 닦아
명경처럼 윤을 내네

백태 누런 나의 혀는
저들 앞에서
그 누구를 붙들어
어디를 핥아 들뜬 신열 잠재우며
무엇을 닦아 명경처럼 빛낼 것이냐

오늘,
가시 돋친 세 치의 혀로

3

목련의 봄

장미

장미 한 송이 빈 뜰에 타고 있다
조금씩 바람에 얼굴을 묻으면서도
실없는 나뭇가지들의 유혹에는
손 저어 거부하고
하늘의 푸른 충계 뜨거운 햇살의 압력에도
오직 스스로 타는 열기
곱디고운 빛을 사뤄 활활 태운다
깊은 땅에서 자아내는 피의 지열
싱싱한 수액을 꽃으로 내뿜으며
오직 장미는
머나먼 별의 언약
그 눈과 눈의 마주침만 기다리고 있다

찔레꽃

저승에서 쫓겨나고 이승에서 버림받아 저도 모르게 하늘가에 숨어 살았네 누구에게 보이려는 웃음인가 차갑게 분칠한 얼굴로 낯가림하고 제 한 몸 설자리를 찾아다니며 이파리 하나하나로 하늘 보았네 알록달록한 무늬 몸종처럼 거느리고 꽃뱀 찾아와 춤을 추었네 모처럼의 춤바람이라 홍겹건만 보면 볼수록 남 부끄러운 꽃잎, 없이 사는 세상 섧다하여 바람은 하루 내내 소리내어 울었네 이 세상 말과 소리로는 차마 다 못하여 한철을 불붙는 바깥을 보아라 이도 저도 아닌 꽃말로 꽃대 세우고 그리움을 머리위에 드러부었네 갈 곳 없어 떠돌던 슬픔이란 슬픔은 죄다 모이거라 그 피문은 헝겊 꽃대로 감추고 있는 생김대로 가시마다 짝지워 살게하마 이 좋은날 하늘은 곱건만, 온 힘으로 소리치며 어둠 속에 핀 여름마저 슬프지 않은 찔레꽃이라네

꽃잎

어느 날
도시의 끝으로 나들이 갔던
바람이
수척한 낮달을 걸치고 돌아와선
역겨움 토해내며
꺼이꺼이 목이 쉬도록
울어대고

잡힐 듯 멀어지는
술래의 꿈
이지러진 빛의 굴절 끝에
편편이 흩날리는
꽃이파리
둘이 마주서서
혼자임을 슬퍼하네

목련의 봄

완강하던 하늘이 설풋 조는 틈을 타 우루루 뛰어내리는 말랑말랑한 빗물들, 목련의 부름켜에 닿자 삭신이 녹는다 아릿한 통증에 자리마다 꽃눈이 부푼다 달디단 바람냄새조차 역겨운지 진저리를 친다 세상이 온통 암컷들이다 너울대는 우듬지에 꽃망울이 곰실거린다

저마다 바쁘게 드나드는 이 봄날, 좀 더 축축해져야 하리라

나팔꽃

사철나무 푸른 등걸을 타고
이른 아침 창문을 두드린다
세상 밖은 아직도 어둠인데
희미한 빛을 두 손에 들고 와
마음 빈 터에 등을 달았다

어느새 나는 그 꽃밭 향해
줄 감기를 시작하였다

새

비가 오는 것을 새들이 먼저 알더라도
그건 다 인간사 밖의 문제다
먼 곳에 숨은 비의 징후를
깃털을 떨게 하는 미세한 기운으로 알기까지는
그리 긴 시간이 필요하지 않다

어느 여름밤
아늑한 잠의 숲을 별안간 두들기는
비를 피해
처음 구름 위로 올랐을 때
새들이 넘을 수 있는 것들이란
지상의 까마득한 불빛에 불과할 뿐
그 숨막히던 기억들의 길이 끊기고
자취 없을 때
새들은 폭우를 뚫고 땅으로 내려와
막연한 산을 넘는다

산 너머는 누구도 모르지만
어차피 비가 오는 그 바깥의 일은
새들의 경험을 벗어나는 것

고운 길

사람이 사는 마을로 가리
모르는 길 물으리
풀꽃 피는 길바닥 푸르러
가리키는
손가락 닮은 고운 길 하나

가을 산

누가
만산홍엽 굽어보며
아름답다 말하는가

산새들 젖은 울음도
돌려 보내고

스스로를 버리기 위해
땅 밑을 헤매는
저 캄캄한 뿌리들의
벅찬 속울음

겨울 숲

잎들이 떠나버린
겨울 숲에 서면
두런대던 산소리들
텅 비었고
잔가지에서 흩날리는 새소리
간간이
허전함을 깨우쳐 주고 가고
그러다 오늘처럼
잠들이 하얀 눈발 속에 내리면
텅 빈 적요마저
눈 속에 파묻히고
겨울도 잠들고

날 저문 강

오늘도 날이 저문다네
이제 정처없는 이에겐
길이 막혀
돌아가는 것마저 서럽다네
서러움 모두 깨우고서라도
밤은 어차피 넘어야 하는
넓은 강으로 누워 있다네
그대 강 건너서 오라 하지만
나는 밤마다 이쪽에서 울다가
새벽에야 강에 빠진다네

매화

인고의 모진 삼동
시린 바람 뒤로 하고
먼 길 뜨며 나선 계절
다듬어 온 외로운 혼
이제사
여무는 햇살
꽃망울 되어 머물다

언 가슴 풀리는 들녘
한 움큼 밀어 남겨 두고
부푼 마음 안으로 접어
곱게 피우는 수줍은 꿈
은은한
네 향기 위로
봄 빛 들어 젖는다

낙동강

밤새워
달려온 칠백리 길
가을볕에 휘감기고

강나루
소슬 여울목엔
몸져누운 낮달 하나

은비늘 떨며 오간 세월
모래톱에 쌓이다

채워도
늘 텅 빈 하구
갈꽃만 흐드러지고

달무리
몸을 적시는
하늘 빈 둥지 돌아

강물은

그칠 줄 모르고
갈숲을 헤며 간다

독도

벼랑의 옆구리에
물새 울음 그득 안고

수평선 저 멀리에
나가 앉은 외로운 섬

오늘도 파도 위로는
안개만이 기어 오네

뭍 소식 역한 바람
몇 천년을 맞고 서서

오가는 철새 울음
안으로 식혀내며

한류에 발 담그고 서서
뒤채이던 하늘이여

외해의 소용돌이
발 밑까지 스미어도

탄탄한 어깨로
저 물결을 밀어내면

태고의 수심을 헤치고
붉은 해는 또 솟으리

죽순

겹겹이 기운 그늘
그늘마다 닿는 햇살

은유隱喩로 뿌리 내린
우울한 고향 들녘

인동忍冬의
아린 중량으로
키를 재는 노란 손톱

바다 소묘

아침 바다가 눈을 뜬다
물거품 대리석 위로 내려앉는 햇빛
푸른 갈기의 말들이
바람처럼 몰려왔다 물러가는 해변
어둠은 조금씩 지워져 가고
상처 입은 영혼은
새로운 기도를 준비한다
갈매기 날개 끝에서 튕겨오르는 물보라
긴 하루의 메아리가 허공중에 부숴진다
보라, 아침이
저 먼 수평선 위로부터
서서히 날개 펼쳐 오르는 모습을
내 입은 한 모금 안개로 그득하고
아침바다를 향해 팔매질 할
한 알의 조약돌이 준비되었다

푸른 불꽃으로 수놓아 진
바다 침상으로부터 한 여인이
일어선다
산호초 너머 불꽃은 수없이 타오르고

여인은 긴 빗으로 햇살을 빗질하며
수평선까지 걸어 간다
파도를 밟고 서서 하늘을 바라보면
삼각돛의 구름이 떠가고
거기 또 하나의 내가 나를 내려다 본다
넘실대는 물결 위
햇살은 더욱 빛나고
소나무 숲은 푸르게 펼쳐져 있다
바다오리가 목이 잠긴 울음을 우는 벼랑 옆
긴 길을 따라 걷는다
저 멀리
바다는 수많은 갈매기가 모이를 쪼는 놀이터
목마른 나는 숲 그늘 아래 잠시 땀을 식힌다

풀잎들이 가늘게 몸을 떠는 저녁답
아직 남아 있는 몇 방울 햇살을
무겁게 이고 있는 솔잎들
마른 나뭇가지 타는 냄새와 함께 어둠이 오고
바다는 이제 연초록 수심을 드러내지 않는다
밀물처럼 몰려오는 고요 속

갈매기 몇 마리 암초처럼 떠 있는 하늘엔
새털구름이 깃을 펼치고
수평선은 하늘과 바다를 나눈 다음
그 사이를 떠받들고 있다
파도는 쉴 새 없이 밀려들어
모래성과 거기 쌓아 올린
우리 꿈의 잔해를 휩쓸어 가고
활처럼 휘어진 물결 타고 일렁이는
달빛은
주인 잃은 채 떠내려 가는 목선을 비추다가
이제 막 소나무 숲 위로 치솟는
도요새의 흔적을 뒤좇는다
누가 저 파도 위에 왕국을 세울 수 있으랴
밤바다는 푸른 사원寺院
나는 무릎 꿇어 몇 번이고
밤바다의 얼굴 가장자리에 입맞춘다

4

가족

눈물

내가 만든 어머니의 눈물 속에서
말없이 나의 눈물 끓어오르는 날
내가 어머니의 진실한 아들이 되는 날
새색시쩍 눈물 훔치던 어머니 치맛자락마저 보이는 날
어머니 주름이 쉽고 곱고 은혜로워 가슴 저미는 날
모든 어머니의 눈물 어린 눈이
개인 밤하늘의 별이 되는 날

다듬이질

날씬한 두 방망이 끝에
가을밤이
잔물결 져 나갔다
돌아들고

춤추는 그림자
달빛에 여위어
깊이 잠겼던 마음가닥
하얀 박꽃처럼
송이송이 터져 나와

아, 어머니
싸늘한 손끝 더듬어 쥐면
가느디 가는
한 줌 잔허리가
개미처럼 서럽습니다

가족

이렇게 가까이 등 기대고 있으면
그다지 외롭지 않게 한 生 살 수도 있을 거라고

젊은 지아비가 지어미를 어미가 어린 제 새끼를 껴안아
그렇게 실한 배추속 들어가는 밭고랑에서

아직 이것만은 온전한 내 몫이다

잘 자라주었거나 그러지 못했거나
햇빛은 기꺼이 그 앞에 엎드려
알맞게 젖은 지푸라기 옆에 끼고

배추통 묶어 간다

아내

늘 그만한 웃음과 그만한
소망의 하늘을 이고
마음만은 밝게 살아온 사람

자신을 위한
눈물 한 방울 만큼의 주장도
소리 죽여 낮춘 채
집안 질서의 그늘을 다스려 온 사람

새벽녘 찬 동이에
별이 담긴 물을 긷듯
다함 없는 시간 위로 깨어 있는 사람

비밀스런 햇살
파도에 밀리우는
아직도 내가 익사하고 싶은
다정한 바다

허리 굵어진 나의 잠은
가난해도 찌들지 않는 그대

견고하고 다스한 손길 더불어
선산先山 잣나무 줄기처럼 든든하다오

딸

흐르면서
맑아지는
시냇물

씻기고 씻기운
결 고운
옥돌

옥빛 숨결
둥글게
젖은

아들에게

아침의 문을 나서는 아들아

미래는 현재에서 나오는 것이다
현재에 충실치 않은 미래는
한숨과 탄식과 눈물 뿐
희망이 없다

새벽별을 보며
저녁달을 보며
겸허하게
마음을 낮추고 머리를 차게 하라
그리고
빛바래지 않는 너의 꿈을
천만 번 가슴에 새겨 넣어라

항상 사유思惟 하고
부지런히 움직여라
앉지 말라, 서라
뒤돌아보지 말고
옆으로 살피지도 말라

앞만 보고 걸어라
빨리빨리 걸어라
인생은 결국
빨리 걷는 자의 것이다

하던 일이 비록
실패에 당면할 지라도
두려워하거나 절망하지 말라
진실로 고민하는 자는
절망하지 않느니

성공과 실패는 한 몸이므로
이 세상 어느 곳에도
실패 없는 이룸은 없음을 기억하여
실패 앞에 당당히 맞서
헤쳐 나가라

자신을 존중하고 아껴라
진정으로 자신을 존중하는 자는
자기를 아껴 엄격히 다루는 법이니

말을 앞세우지 말며
스스로 성찰하고 자기를 가다듬어라

하여,
둥글게 또 둥글게
처음부터 큰 둥글음보다
조금씩 착실히 커가는 둥글음을
반짝이는 둥글음보다
은은한 둥글음을 이루어
세상의 중심으로
소리 없는 물처럼 굴러가라

쉼 없이 굴러가야만 하느니라
끊임없이 흘러가야만 하느니라

아기

지하철 속에서
방글 방글 웃고 있는
눈부신 웃음은
너무 투명해, 슬프다
툭 건드리면
사기처럼 금이 갈 것 같은
저 얇고도 연연한 얼굴이
어둠의 이정표 손에 이끌려
돌아올 수 없는 길을
영문도 모른 채 따라갈 수 있으랴
끝도 없이 흐르는 지하철 속
내가 어디쯤 가고 있는지도 모르면서
투명한 상처를 끊임없이 터뜨리는
저 무균질의

마음

우리네 마음은 민들레 씨앗
바윗돌로 눌러도 떠오르고
황토물 속에서도 떠오른다
세상 일 소나기 같아서
기분 따라 불어났다 줄어들지만
우리네 마음은 비온 뒤 풀잎
흙탕물 뒤집어쓰고도 헤헤 웃는
먹구름 속 달

장마철

개울의 물소리가 커지고
조용하던 아내의 목소리가 높아지고
느닷없이 변비가 생기거나
다소곳하던 아이가 떼를 쓸 때는
한 번쯤은
곰곰이 생각해 보아야 한다
그들도 할 말이 있었다는 듯
개울의 물소리도 커졌다
방문들이 볼멘 소리를 내는 것은
다 이유가 있는 것이니
퉁퉁 부어 험상궂은 표정으로
장마철 문들이 삐걱이며 저항할 때는
따스한 햇볕에 그들을
보송보송 말려주어야 할 일이다
별거의 틈새가 벌어지지 않게

사랑

사랑을 사랑이라고 했을 때, 이미
사랑이 아니다

사랑하는 그대
생각 하나로 벌써 눈물겨우므로

사랑했다는 말 한 마디
내가 전생前生으로 품고 돌아갈
마지막 마음이므로

근황

길을 가다
갑자기 쓰러지는
생각에 붙잡힌다

하루에도 여러 차례
걷는 것이 아니라
허공에
둥둥 떠 있다는 착각을 하며

누군가
잠 못 이루는 베갯머리에서
한 번쯤은 읽어 줄
그런 시라도
한 편쯤 써야지
몸살을 앓으며

밤샘을 하며
거울의 먼지나 닦으며

오늘도 아파트 계단을 오르다

화들짝 부시져 내려
나를 자빠뜨리고 깔깔깔 달아나는
저 망할 놈의 햇발

이 가을엔

당신을 당신이라
부르게 하소서

집집마다
저녁연기 피어오를 때
날아가는 철새의
허공

일손을 잠시 쉬고
빈 들의 둥근 노을을
바라보게 하소서

손 흔들던 이 둥성이
이제 떠나온 길을
돌아보지 않겠습니다

겸허히 옷을 벗고
여윈 가지로 받드는
나무의 공간
그 무게를 알게 하소서

여태껏 쌓아놓은
말言들을 떨구고, 창고를 태우고
들녘의 바람으로 가득 채워 주소서

숨은 이의 촛불은
이미 꺼지고

금빛 종소리도
멀리 사라졌습니다

아, 나를 나라
부르게 하소서

돌담

금 간 상처
마주보며
괜찮아
두렵지 않아
서로 다독이며

내가 너를
너는 나를
오지게 껴안아
한 몸 너끈히 일으켜 세운

저 소통의 숨소리
대代를 잇는
견고하고
다사로운 삶

저며 넣은 한恨마저
곱게 익어

가을 저녁
꽃그늘 노을로 내려앉았다

나무

긴장을 확산하기 위하여
잠을 자기로 했다
새잎을 돋게 하려면
눈부신 햇살과 물의 조합만으론
안돼,
겨울이 되자
굵은 새끼줄로 칭칭칭
몸을 결박하고
그대 고요하고 맑은 눈빛을 지닌
봄바람으로 찾아오는
삼월 어느 날까지 기다리기로 했다
겨울 내도록
긴장하여 잠들어 있기로 했다

■ 작품해설

진부함, 그 새로운 詩의 꿈

— 김상우 시집 『오래된 사진』에서 '생각하는 서정시'

이 규 식

한남대 프랑스어문학과 교수

문학평론가 · 문학박사

1. 작가와 작품

아르헨티나 시인이자 소설가인 보르헤스는 이렇게 말했다. "과일로 나무를 평가해도 안되고, 작품으로 인간을 평가해서도 안된다." 생각에 따라 의미가 깊어지는 진술이다. 상상력과 독특하고 개별적인 감성의 소산인 작품과 현실적 실체인 인간으로서의 작가 사이의 괴리감, 이질성을 구별해야 한다는 논지로 들린다. 독자가 읽어 기쁘고 삶의 충전을 이룰 수 있는 작품을 쓴 작가의 삶이 반드시 행복한 것은 아니다. 오히려 그 반대의 경우가 더 많지 않은가. 멀리 갈 것도 없이 우리나라 현대문학 출발 이후 숱하게 명멸했던 작가, 시인들의 척박하고 궁핍했던 생애와 그들이 남긴 보석 같은 작품사이에 가로놓인 괴리감이 그러하다. 작품론과 작가론에는 김대규 시인의 표현처럼 이복형제의 비애가 깃들어 있는지도 모른다.

이런 논리에서 지금과 같은 작품의 해설에 있어서도 작가를 잘 아는 경우와 그렇지 않은 상황이 갖는 장점과 단점을 생각하게 된다. 보는 시각에 따라 다른 의견이 나오겠지만 작가를 모를 경우 문학적 결실에 대한 보다 중립적이고 객관적 탐구가 가능하고 비교적 공평한 관점에서 작가의 문학세계를 탐사할 수 있다는 추론이 가능하다.

김상우 시인을 필자는 모른다. 첫 시집 『흔들리는 초상』에서 눈에 띄는 작품을 몇 편 읽어 보았고 책 표지에 소개된 프로필을 본 기억이 있지만 개인적인 만남이나 교류는 없었다.

시를 해설하는 사람은 시인과 독자사이의 중개인, 안내자이다. 중개인의 주된 임무는 안내의 객관성, 성실함과 정직성 그리고 한 가지 더 추가한다면 자상함을 꼽을 수 있을 것이다. 이러한 과제를 수행하는데 주관적인 감성과 직관, 자의적 판단에 의한 해석과 유추를 전적으로 배제할 수는 없겠지만 그 모든 것에는 객관성과 공감대, 타당성이 먼저 담보되어야 할 것이다.

매번 시작품을 발표할 때마다 쏟아 붓는 개성적인 심상과 노고가 모여 한 권의 시집으로 엮어진다. 개인별 편차가 있겠지만 대략 2~5년의 시간적 간격을 두고 집적되는 시집의 수록 시편 속에서 시인이 의도한, 또는 시인의 의

도와는 무관한 생각과 느낌의 줄기를 해설자는 찾아낸다. 이것을 발견하여 독자들에게 해설형식을 빌어 상세하게 풀어내는 일이 해설자, 안내자의 기본 사명이기도 하다. 해설자의 첫 작업은 대상 전 작품을 통독하면서 인상적인 구절을 찾아 이를 모티브로 하여 시인의 관심사와 메시지, 문체나 리듬 그리고 현실감 또는 현실과의 거리감 등을 살펴보는 일이 뒤따른다. "한 시인을 테스트 하는 전통적인 방법의 하나는 그 작품 속에 잊어버릴래야 잊어버릴 수 없는 詩行이 얼마나 많은가 하는 것"이라고 이야기한 C. D. 루이스의 말에 우리는 동의하기 때문이다.

2. '진부함' 의 '새로움'

김상우 시인의 이번 두 번째 시집에서 오래 여운을 주는 대목은 自序 '시 농군의 말'에서 밝힌 '진부'라는 표현이었다. 陳腐란 한자어 뜻 그대로 '묵어서 썩다'라는 뜻으로 새롭거나 참신하지 않아 흥미를 끌지 못한다는 의미로 대체로 부정적인 뉘앙스를 풍기고 있다. '詩農軍'으로 자처하는 김상우 시인은 진부함속에서 편안함과 위안을 누리고 그 속에서 자유롭고 행복하다고 밝히고 있다. 나아가 진부라는 이름의 범주에 묶인 소박하고 소중한 많은 꿈들이 망각의 바다 속으로 흔적도 없이 사라질 것을 우려하기도 한다. 진부함이 과연 시의 악덕일까. 자서 첫머리에서 시인은 일단 진부함을 화두로 삼으면서 이 시집을 통하여 진부함에 대한 애착과 사랑, 그리고 진부함이 제공하는 깊은 생각과 감성의 단초를 확인하고 있는 것이다.

시를 포함한 문학의 주제는 예나 지금이나 사랑과 가족, 계절, 자연, 향토, 일상의 삶, 인간관계 그리고 내면토로 등의 몇 주제로 쏠리고 있다. 사실 이 테마는 문학의, 시의 본질적인 탐구대상이기도 하거니와 문학의 주제는 결국 '상투어(常套語)', '상투적 표현'에 다름 아니기 때문이다.

예를 들어 일년 네 계절 가운데 가을이 유독 시의 주제로 많이 선호되는 것도 가을이 보여주는 전형적인 상투성에 힘입은 바 클 것이다. 그러나 시의 임무는 그러한 상투적 주제, 진부한 테마를 선택하였다 하더라도 시인의 고유한 여과, 형상화 작업을 통하여 변별력과 개성 있는 자신만의 언어로 그 상투성을 극복하고 벗어나는데 있다. 거기에서는 형이상학적 관념의 세계를 차용할 수도 있고 지극히 일상적인 언어로 상투성의 유혹을 떨쳐 버리기도 할 것이다.

김상우 시인은 이 시집에서 이 두 가지 방식을 적절히 구사하면서 자신을 둘러싼 여러 대상과의 교감, 소통과정을 통하여 독특한 성찰의 시편을 보여주고 있다. 그러므로 이번 시집을 특징짓는 중요한 개념으로 '성찰'이라는 표현을 중심으로 2007년 1월 펴낸 첫 시집 이후 새롭게 변모된 그의 시세계를 함께 살펴보기로 한다.

3. '성찰의 시' 를 위하여

'눈발'이라는 작품에서 시인은 간결하게 성찰을 향한 자신의 다짐과 의지를 고해하고 있다.

눈발을 맞으며 걸어오라

청춘의 하늘에 펄럭이던
순결한 꽃잎

용서해다오

숯처럼 검어진
부끄러운 목숨

돌멩이보다 더욱 아프게
이마를 치는
눈발을 맞으며 걸어오라

—「눈발」 전문

같은 맥락으로 이어지는 작품 '가을 밤', '섬'에서도 어찌 보면 회한이나 절망 같은 심정의 일단이 노출되지만 그 속에는 젊음과 새로움, 희망을 향한 시인의 의지가 드러난다.

새로워질 수 없는 내력이거든
내달아 빨리 늙어라

— 「가을 밤」 부분

쓸쓸한 것들 모두 모여 서성이는 곳에

내가 지고 온 짐 부려놓는다
(……)
막배조차 이미 떠났다

— 「섬」 부분

늙음, 시간, 자연, 회한 같은 그야말로 진부한 제재를 모아 시인은 겉으로는 막막한 한계상황을 그리고 있지만 그 내면에 깃든 젊음에 대한 희구와 열정의 일단을 내비친다. 시집의 초반부 몇 편의 작품에서 내비친 어두운 색조는 이내 긍정의 시선으로 바뀌었다. "(……) 모두가 눈물 고여 등빛으로 흔들리는 밤/ 울고 있는 마음아/ 울음 크게 안으로 가누고 강물로 흘러라 -'강물1' 부분"에서처럼 평범해 보이는 언술을 통하여 시인이 지향하는 생각의 지평이 암시된다. 그러한 느낌은 제목이 주는 진부함으로 자칫 희석될 수도 있을 것이다. 지금처럼 읽을거리, 볼거리가 넘쳐흐르는 세상에서 자극적이고 관심을 끄는 감각성향의 타이틀, 브랜드가 갖는 유혹의 힘을 생각할 때 김상우 시인 작품의 제목은 전반적으로 무덤덤하고 평범하다. 관심을 끌기에 역부족인지도 모른다. 대체로 한 단어 (표현, 문장)로 이루어진 제목은 그러나 그 자체로 함축적인 의미의 강화로 독자를 이끌어 간다. 예를 들어 '콩나물을 다듬다'라는 작품의 제목은 서술형 종결어미로 이루어져 있다. 요즈음 현대시에서 흔히 사용되는 '……하며' 라는 트랜드에 비하여 인상적이다. '…… 다듬다' 는 우선 '다듬고 있다, 다듬는다' 라는 의미를 가지고 있고 아울러 '다듬다보니, 다듬으며 생각하니' 라는 또 하나의 상황설정도 가능한 만큼 '콩나물을 다듬으며'라는 표제와의 차이는 적지 않다 하겠다. 이 작품에서 시인은 콩나물 다듬기를 통하여 우리 삶의 미세한 機微를 포착하고 거기서 자연스러운 성찰의 계기를 만들어 낸다. 가령 "(……) 저만치 일생이 잘려나간 슬픈 발들이/ 팽개쳐진 구석에서 숨죽여 우네/ 언제 발 대접 한 번 받아본 적 없이/ 허공을 딛고/ 바튼 숨길 가쁘게 밀어올리며/ 아래로 아래로/ 없는 듯 버텨왔을 실낱 같은 신음 곁에서, (……) -'콩나물을 다듬다' 부분"에서 우수수 떨어져 나간 (콩나물) 발들을 보며 시인은 사소한 대상에서 생각의 부챗살을 넓혀가며 삶과 인간의 애환을 담담하게 그려낸다. 이런 정밀한 관찰력과 소통의지는 이 시집에서 눈에 띄는 수작인 '거미'에서 완성도를 높일 수 있었다. 우선 정밀한 관찰이 돋보인다. 현미경과 돋보기를 들고 있는 듯 시인은 삶의 언저리 무심코 지나치기 쉬운 대상물들을 향하여 세밀하게 접근한다. 그런 다음의 미덕은 적확한 묘사이다. 과장 없이, 스쳐지나감 없이 精緻한 표현력은 비유의 적절함으로 돋보인다. 여기에 적절한 거리두기를 통하여 감정의 과잉투여를 절제하고 알맞은 거리에서 거미를 바라보며 성찰의 계기를 조성할 수 있었다. 이를테면 '성찰하는 시', '생각하는 서정시', '삶을 발견한 노래'라는 명칭을 부여할 만큼의 내공이 드러나고 있다.

4. '단정' 과 '절제' 그리고 '포용'

노를 저어 망사무늬 슬픔을 뽑아
치열한 현의 음률로 튕겨 올려
고여 있는 시간들을 파도치게 하는
거미, 그는
낡은 족보다
쓸어내고 털어내도 언제나
거미줄에 가볍게 낚여 있는
나

— 「거미」 부분

거미와 시인이 구축한 관계망은 이 시집에서 시인이 천착하는 '성찰'의 중요한 단서와 과정이 된다. 성찰을 통하여, 성찰을 거쳐 바라보는 세상은, 자연은 한결 가볍고 인간의 헛된 욕망에 대하여 알듯 모를 듯 警句를 보낸다. 시인이 이 시집 서문에서 빛바랜 사진 속의 포즈 같은 진부함 속에서 적막한 편안함과 위안을 누린다고 밝혔듯이 그 진부함은 바로 삶 주변에서, 일상의 언저리에서 편안하게 다가오고, 성찰의 눈으로 바라볼 때 거기 새로운 힘이 생기게 되는 것이다.

시인은 더러 순진한 질문을 던지기도 한다. "(……) 우리 집 뒤뜰에 심어놓은/ 두 그루의 백목련, 몇 포기의 장미들/ 그것들이 필 날도 머지 않았는데/ 아, 오는 봄엔 그것이 내 어느 편으로 건너와/ 무엇이 될까/ 꽃이 될까 흙덩이가 될까 - '거짓말' 부분"에서 시인의 물음은 일견 우둔하고 모호해 보인다. 그러나 事象의 본질을 꿰뚫어 보려는 의문제

기는 그 물음이 가장 본질적인 사물과 현상의 핵심을 간파하고 있는 까닭에 짐짓 여유가 있고 물음형식을 통하여 시인의 성찰과 세상 바라보기는 깊어지고 넓어질 수 있었던 것이다.

바람아 너희 나라엔 누가 있는가
날 저물면 산에서 내려와 문고리 두드리는
커다란 그림자가 있는가
뒷문 열고 기침하는 늙으신 어머니가 있는가
밤새도록 대밭에서 끄덕이다
땅끝으로 사라지는 반딧불이가 있는가
아버지가 있는가
바람아 너희 나라엔 얼굴도 없는가
서서 멈출 발자욱도 없는가
소리 죽여 풀섶을 헤쳐가는 눈도 없는가
떨리는 가슴 닿을 다음 땅은 없는가
바람아 너희 나라엔 아무도 아무도 없는가

— 「바람에게」 전문

여러 질문이 이채롭다. 어린아이 같은 질문도 있고 우주삼라만상의 조화를 포괄하는 득도의 물음이 아무렇지도 않은 듯 거기에 어울리면서 시인이 관심을 두고, 알고 싶은 여러 층위의 궁금함을 포괄한다. 그러나 답이 나오기 전에 시인은 스스로 그 要諦를 터득할 수 있었다. 우연치 않게 바로 다음 쪽에 수록된 작품 '횡단보도'에서 시인은 이 모든 질문에 공통적인 답을 던지는 하나의 상황을 설정하면서 나름의 명제를 설정한다. 상처와 아픔도 결국 힘이 되

듯 권력, 욕망, 금전, 사랑과 운명까지도 시인은 '절제'라는 덕목으로 마주한다. 더러 "제 가슴 위로 상처를 내어/ 빗금 그어진 또 다른 길을 만든다 - '횡단보도' 부분" 라기도 하지만 시인이 멈춘 지점은 '단정'과 '절제' 그리고 '포용'의 삼각점이 교차하는 미덕의 반경 안이었다.

숯은 그러한 과정에서 음미할만한 제재로 등장한다. 자신을 마지막 뿌리까지 다 태우고 굳어버린 응혈, 기다리다 세월 속에 앙금으로 가라앉은 목질을 '숯'이라 부르면서 숯의 의지를 인상적으로 묘사한다. "이 세상 모든 순결을 빼앗고 싶어한다/ 세상 뒤편으로 몰아치는 바람에 의탁하여/ 이 세상 모든 것이 다 숯이 되기를 기다린다 - '숯' 부분" 라고 노래하지만 이 대목에서의 반어법, 역설적 표현은 絶唱을 이룬다. 김상우 시인의 시적 역량이 白眉를 이루고 있는 대목이다. 숯이 표상하는 인고와 성찰의 역정과 함께 죽순 또한 삶의 고단함을 딛고 일어서는 의지의 상징이 될 수 있었다. 특히 '죽순'은 3연 7행의 단시로 시인의 언어 함축력을 보여준다.

겹겹이 기운 그늘
그늘마다 닿는 햇살

은유(隱喩)로 뿌리 내린
우울한 고향 들녘

인동(忍冬)의
아린 중량으로

키를 재는 노란 손톱

— 「죽순」 전문

5. '감각' 의 극대화와 서정

서정과 추상의 세계를 넘나들며 자유롭게 자신의 감성을 노래하는 김상우 시인은 천성적으로 서정의 재능에 강해 보인다. 꽃을 주제로 한 여러 편의 시에서 보여주는 섬세한 가락과 언어차용은 자칫 건조하게 흐를 수 있는 관념의 범주에 생기를 불어넣는다. 서정은 특히 '감각'을 통하여 극대화 된다. 우리가 김상우 시인을 '서정시인'이라고 부를 수 있는 것도 그에게 내재하는 예민한 서정취향과 자유로운 감각 구사력 때문이기도 하다. 하나의 감각체험에서 출발하여 여러 감각기관으로 그 체험을 확장시키면서 사상과 감정이 분리되지 않도록 갈무리하는 공감각 구사능력은 시의 수준을 측정케 하는 유용한 지표가 될 수 있다. 보이는 것에서 자연스럽게 보이지 않는 사물과 현상의 본질을 꿰뚫는가 하면 소리에서 빛깔을 보고, 촉각에서 냄새를 연상하는 공감각의 단련은 시인에게 더없이 중요한 소임의 하나이기도 하다. '소나기'가 감각의 공유, 소통, 공감각 지향이라는 의미에서 주목하게 되는 것도 이러한 이유에서다.

갑자기 듣는 그녀의 목소리는
늘 투명하다

깊은 산골짜기에
맑게 고여 있다가
찰랑 넘쳐
물 한 자배기를 솨아
이마에 붓고는
네,
네,
잠시 잠시 끊는 사이
그녀는 늘 신선하다
어느새 산굽이를 돌아
맑은 물에 종아리를 담그고 있다

— 「소나기」 전문

한 폭의 정갈한 수채화를 연상시키는 이 작품에서 우리는 여러 감각이 어울려 빚어내는 공감각의 구체적인 정황을 만난다. 시각, 청각 그리고 촉각이 조화롭게 배치되어 아무런 이데올로기나 예단, 철학적 성찰을 개입시키지 않고 오로지 감각의 고양을 노래한다. '목련의 봄'에서도 그러하듯이 일정한 내재율 속에 전개되는 단정한 어휘들의 조화는 인상적이다.

5. 시와 '이야기'의 힘

쉬운 듯 하면서도 좀처럼 성공하기 어렵게 마련인 여러 가지 '꽃' 이야기를 설득력 있게 풀어나가 일정한 문학성을 확보하였다는 점에서 시인은 풍부한 이야깃거리를 갖추고 있음이 입증되었다. 특히 '목련의 봄'에서 보여준 감칠맛

나는 토속어 사용과 관능성을 불러일으키는 언어구사력은 시인의 자산으로 꼽을 만하다. 고교시절부터 시작한 문학연마와 독서 그리고 수십 년 한 직종에 종사하면서 넓어지고 깊어진 생각과 인식의 반경, 아울러 끊임없이 자신을 되짚어보는 성찰의지 속에 풍부하고 웅숭깊은 이야기가 깃드는 것은 당연한 일이 아닐까.

요즈음 새롭게 조명되는 '스토리텔링'의 기능과 중요성 역시 자신의 경험과 감성, 생각을 변별력 있는 내용과 구조 그리고 흡인력으로 풀어내는 능력으로 구체화되고 있다. '스토리텔링'은 비단 글쓰기뿐만 아니라 문화콘텐츠의 핵심제재, 인간사이의 소통 척도가 되면서 그 영향력을 확장하고 있다. 시인에게 있어서도 자신을 다른 문인과 구별해주는 매개체로 이야기 즉 스토리가 풍성한지, 혹시 지금도 다른 사람이 오래전 이미 다 해버린 이야기를 거듭 시로 옮겨내는데 골몰하며 시간을 낭비하고 있지는 않는지 되돌아보는 일도 중요하다. 이렇듯 이야기, 나만이 할 수 있는 스토리, 내가 간직한 담론의 독창성은 삶과 사회 여러 분야로 확산되면서 주목받는 능력, 새로운 가능성의 화두로 떠오르고 있다. 이런 면에서 이번 시집에서 김상우 시인이 풀어내는 흥미로운 이야기와 가슴에 담긴 서정의 물꼬는 앞으로 여러 경로와 장르를 통하여 더욱 화려하게 꽃필 것으로 믿는다.

이러한 그의 스토리텔러로서의 역량을 집약적으로 보여주는 '근황'은 지금까지 논의한 김상우 시인의 성찰과 생각,

서정, 감각 그리고 풍부한 서사능력 같은 여러 미덕을 아우르면서 다음 단계로 이어지는 뜻깊은 메시지를 던져주고 있다. 그것은 또한 시인 스스로 다짐하는 포부와 소박한 의지표현에 다름 아니다. 성찰을 통하여 끊임없이 자신을 정화시키며 서정의 입김으로 자신만의 목소리를 전파하는 시인의 역할에 충실하듯 시집 끝부분에 배치한 '근황'은 여러 면에서 주목할 만하다. 그때 시인이 아끼며 편안해 하던 '진부함'은 새로운 시의 힘, 정서의 단초, 문학의 텃밭이 될 수 있으리라.

누군가
잠 못 이루는 베갯머리에서
한 번쯤은 읽어 줄
그런 시라도
한 편쯤은 써야지
몸살을 앓으며
(……)
오늘도 아파트 계단을 오르다
화들짝 부서져 내려
나를 자빠뜨리고 깔깔깔 달아나는
저 망할 놈의 햇발

—「근황」 부분

오래된 사진

김상우 시집. 2010

발 행 일 | 2010년 10월 15일

지 은 이 | 김상우
발 행 인 | 李憲錫
발 행 처 | 오늘의문학사
출판등록 | 제55호(1993년 6월 23일)

주　　소 | 대전광역시 동구 삼성1동 125-6 한밭오피스텔 401호
전화번호 | (042)624-2980
팩　　스 | (042)628-2983
홈페이지 | http://www.lito77.co.kr(홈페이지)
전자우편 | hs2980@hanmail.net

ISBN 978-89-5669-400-9

값 7,000원

* 잘못된 책은 바꾸어 드립니다.